지은이 김정희

경상북도 하양에서 태어나 도자기 공예를 공부했습니다. 역사에 관심이 많아 《국화》《야시골 미륵이》
《노근리, 그 해 여름》 등 우리나라 근현대사를 다룬 작품을 꾸준히 썼습니다. 농사를 짓고 살면서 환경 문제에
절실함을 느껴 《후쿠시마의 눈물》《시화호의 기적》《비닐봉지가 코끼리를 잡아먹었어요》《별이네 옥수수밭 손님들》
등을 썼습니다. 그 밖에도 청소년소설 《지금 행복하고 싶어》《곡계굴의 전설》 등 여러 책을 썼습니다.

그린이 이은진

어릴 때부터 그림 그리기를 좋아했습니다. 만화가를 꿈꾸다 대학시절 우연히 본 한 권의 그림책에 이끌려 그림책
일러스트레이터가 되었습니다. 그동안 그린 책으로 《우리는 용감한 꼬마개》《싫어 몰라 안돼》《까맣고 작은 점 하나》
《닭이 사람과 살게 된 까닭》 등이 있습니다.

아마존의 수호자
라오니 추장

초판 1쇄 발행 2021년 3월 22일 | **2쇄 발행** 2022년 6월 6일

지은이 김정희 | **그린이** 이은진
펴낸이 윤상열 | **기획편집** 염미희 최은영 | **디자인** 맥코웰 | **마케팅** 윤선미 | **경영관리** 김미홍
펴낸곳 도서출판 그린북 | **출판등록** 1995년 1월 4일(제10-1086호) | **주소** 서울 마포구 방울내로11길 23 두영빌딩 302호
전화 02-323-8030~1 | **팩스** 02-323-8797 | **블로그** greenbook.kr | **이메일** gbook01@naver.com

ISBN 978-89-5588-966-6 74330
ISBN 978-89-5588-967-3 (세트)

ⓒ 김정희 이은진 2021
저자와 출판사의 허락 없이 책의 내용을 인용하거나 발췌하지 마세요.

어린이제품안전특별법에 의한 표시
품명 어린이 도서 **제조국** 대한민국 **사용연령** 7세 이상 **주의사항** 책 모서리에 다치지 않도록 주의하세요

라오니 메투크티레는 멋 내기를 좋아하는 아마존 부족, 카야포족 소년이에요. 라오니가 사는 아마존 열대우림은 세계에서 가장 큰 숲과 강으로 이루어져 있어요.
'지구의 허파'라고 불릴 정도로 숲이 울창한 아마존에는 수많은 원주민 부족이 흩어져 살고 있어요. 인간과 자연이 더불어 살아가는 아마존은 수많은 지구 생명을 품고 있지요.

아마존에는 야자나무, 아사이나무, 고무나무 등이 울창한 숲을 이루고, 온갖 새들이 나무에 둥지를 짓고 살아요. 숲속에는 원숭이, 사슴, 멧돼지, 재규어 등 온갖 동물들과 희귀한 곤충이 어울려 살고요. 세계에서 가장 긴 아마존강에는 거대한 물고기 피라루쿠, 분홍색 아마존강돌고래가 헤엄치고 다녀요. 무서운 악어나 아나콘다, 날카로운 이빨을 가진 피라냐도 아마존 식구들이에요.
아마존의 대자연에서 태어난 라오니는 용맹한 전사를 꿈꾸는 사내아이랍니다.

라오니가 사는 카야포족 마을은 아마존의 싱구강 주변에 터를 잡고 있어요. 마을은 숲으로 이루어졌지만 곳곳에 텃밭을 일구고 돼지도 키워요. 물고기를 잡거나 사냥을 할 때면 용맹을 떨치는 전투적인 부족이지요. 남자들은 용감한 전사의 표시로, 나무로 만든 둥근 쟁반을 아랫입술에 끼워 넣어요.

"라오니, 너도 이제 사냥을 배울 때야."

아빠가 화살을 보이며 재촉을 했어요. 라오니는 기뻤어요. 드디어 아빠가 자신을 카야포족의 전사로 인정한다는 의미였거든요.

"전사는 큰 뜻을 품고 부족을 지키기 위해서 항상 죽을 준비가 되어 있어야 한다."

라오니는 아빠가 만들어 준 화살을 들고 숲으로 들어갔어요.

아빠는 나무 위에 앉아 있는 새를 손가락으로 가리켰어요. 라오니는 아빠 앞에서 솜씨를 보이고 싶었어요. 멋지게 화살을 쏘았지만 손이 떨리는 바람에 아쉽게 빗나갔어요.

"아휴, 맞힐 수 있었는데."

라오니는 마음먹은 대로 되지 않아 속상했어요.

"계속 연습해라. 카야포족의 아들로 태어났으면 부족을 돌보기 위해서 사냥을 잘해야 한다."

"걱정하지 마세요!"

라오니는 큰소리쳤어요. 날마다 연습하면 아빠처럼 사냥을 잘할 수 있을 거예요.

라오니는 아빠와 함께 강으로 갔어요. 카누를 타고 화살을 단단히 쥐었어요.
"무작정 쏘지 말고 물고기가 어떤 쪽으로 움직이는지 잘 살폈다가 화살을 쏴라."
라오니는 물속을 가만히 들여다보았어요. 물고기들이 한 방향으로 떼 지어 헤엄치고 있었어요. 라오니는 때를 놓치지 않고 화살을 쏘았어요. 그러나 물고기들은 잽싸게 화살을 비켜 갔어요.
"아휴, 왜 내 마음대로 안 되는 거야."

"세상이 우리 마음대로 된다면 아마존의 백인 침략자들을 한꺼번에 무찔렀을 거야. 바깥세상 사람들이 개발을 한다는 핑계로 강물을 자꾸 더럽히고 있어. 물고기가 점점 없어지니 큰일이구나!"
라오니도 알고 있었어요. 산 너머 숲에 백인들이 몰려와 땅을 파고 있거든요. 노란 돌이 문제였어요. 노란 돌이 나오는 금광을 발굴한다고 나무를 베어 내고 땅을 파면서 흙탕물이 강으로 흘러들어 왔어요. 그뿐이 아니었어요. 백인들이 사용하는 이상한 약품 때문에 물고기들이 떼죽음을 당하기도 했어요.

한밤중에 밖이 시끌벅적했어요. 고함지르는 소리가 나고 비명 소리도 들려왔어요.
라오니는 화들짝 놀라 해먹에서 떨어졌어요.
"또 누가 쳐들어온 거야?"
라오니는 가슴이 벌렁거리고 무서워서 꼼짝도 할 수 없었어요. 평소에는 용감한 카야포족 전사가 되겠다고 큰소리쳤지만, 침략자들은 정말 두려웠어요. 침략자들은 명령을 듣지 않는 사람들을 무조건 총으로 쏘아 죽이고, 쇠줄로 몸을 꽁꽁 묶어서 끌고 갔거든요. 어른 아이 할 것 없이 발길질과 몽둥이질을 당했어요.
"얼른 뒷문으로 도망쳐라."
아빠가 말했지만 라오니는 피하고 싶지 않았어요. 카야포족의 아들은 죽음에도 굴복하지 않아야 된다고 배웠거든요.
"라오니, 나한테 무슨 일이 일어나면 네가 식구들을 책임져야 한다. 얼른 도망가!"
아빠가 단호하게 말했어요. 라오니는 엄마 손에 이끌려 동생들과 함께 숲속으로 도망쳤어요.
탕 탕 탕.
총소리가 귓속을 아프게 울렸어요. 놀란 동생이 풀썩 주저앉았어요.
"얼른 일어나. 붙잡히면 죽어!"
라오니는 동생을 업고 달렸어요.
"도망쳐도 소용없어. 우리가 다 잡을 거야. 하하하."
총을 쏘고 고함을 지르며 웃음을 터뜨리는 소리가 들려왔어요. 라오니는 숲속에 숨어 숨소리도 제대로 내지 못하고 악마들이 사라지기를 기다렸어요.

한동안 조용했어요. 그제야 라오니는 아빠가 생각났어요. 식구들을 피신시키며 문 앞을 지키고 있던 아빠는 어떻게 되었을까요.
마을로 돌아갔을 때, 집은 다 부서지고 곳곳에 사람들이 쓰러져 있었어요.
"아빠! 아빠! 어디 있어요?"
라오니는 울부짖으며 찾았어요. 그러자 마을 아주머니가 대답해 주었어요.
"사람들이 네 아빠를 끌고 갔어. 남은 남자들을 죄다 쇠사슬에 묶어 끌고 갔어."
라오니는 힘없이 주저앉았어요. 백인들에게 끌려가면 죽거나 노예가 되는 거예요. 백인 침략자들은 라오니가 태어나기 훨씬 전부터 총을 들고 쳐들어와 부족민들을 죽이거나 노예로 끌고 갔다는 말을 아빠한테서 들었어요. 설마 아빠가 끌려갈 줄은 상상도 못했지요.

부족 회의가 열렸어요.

"여기서 살면 언제든지 또 당할 수 있어. 우리가 다 죽을 수도 있다고! 더 깊은 숲속으로 들어가는 게 어때?"

몇몇 사람들은 보금자리를 떠나려고 했어요.

"우리는 도시로 갈 거야. 여기 있으면 언제 백인 침략자에게 죽을지 몰라."

마을을 떠나겠다는 사람들이 많아 라오니는 슬펐어요.

하지만 땅을 지키겠다고 주장하는 사람들도 있었어요.

"우린 아마존에서 가장 용맹한 카야포족이야! 죽음을 맞이하더라도 여기서 끝까지 싸우자. 싸워서 우리 땅을 지키자!"

라오니 엄마의 생각도 같았어요.

"네 아빠가 돌아올 때까지 우린 여기서 한 발자국도 움직이지 않을 거야."

엄마가 단호하게 말했어요. 라오니는 결심했어요. 아빠가 돌아올 때까지 이 땅을 지키겠다고. 끝까지 마을을 지키겠다는 사람들이 있어서 라오니는 위로가 되었어요.

"엄마, 이제 내가 우리 식구들을 돌볼 거예요!"

라오니는 아빠가 왜 사냥하는 방법과 물고기 잡는 방법, 나무와 풀을 이용해서 병 치료하는 방법을 가르쳐 주었는지 그 이유를 깨달았어요. 아빠가 없더라도 식구들을 위해서, 부족을 위해서 생존해 나가는 방법을 가르쳐 준 거예요.

"다시 마을을 일으켜 세웁시다."

남은 사람들은 힘을 모아서 부서진 집을 치우기 시작했어요. 라오니는 식구들과 함께 무너진 집을 뒤져서 필요한 물건을 찾았어요.

"어, 아빠가 가지고 다니던 활과 화살 통이 여기 있네!"

라오니는 마치 아빠를 만난 듯이 기뻤어요.

남자들이 숲으로 들어가 야자나무를 베어 기둥을 세우고, 이파리로 지붕을 얹었어요. 모두가 뛰어난 건축가였지요. 순식간에 오두막은 다시 세워졌어요. 부서진 집의 나무와 풀과 흙은 다시 자연으로 돌아갔어요.

라오니는 활과 화살 통을 어깨에 메고 또래 친구들을 모아서 사냥에 나섰어요.

"우리가 사냥을 잘해야 부족이 살아남을 수 있어. 우리 아빠들이 돌아올 때까지……."

라오니는 앞장서서 수풀을 헤치며 나아갔어요. 라오니의 친구들이나 어린 동생들은 무서워하기도 했지만 피하지 않았어요. 이제 부족을 책임져야 할 카야포족의 전사들이니까요.

"쉿! 저기 뱀이 있어."

커다란 뱀이 수풀 사이를 쓱 지나가고 있었어요. 모두 놀라 제자리에 앉았어요. 뱀을 먼저 잡지 못하면 물릴 수도 있어요. 라오니는 손이 떨렸지만 무서워하는 아이들이 도망치기 전에 힘껏 활을 당겼어요. 느린 뱀이 라오니의 화살에 맞았어요.

"와, 오랜만에 고기를 먹을 수 있겠어."

뱀 한 마리를 잡고 나자 아이들은 신이 났어요. 부족을 돌볼 수 있다는 첫 번째 신호였지요.

"우리는 용감한 카야포족의 전사야! 계속 연습하면 사냥을 잘할 수 있을 거야."

라오니는 아빠가 해 준 말을 아이들에게 들려주었어요.

어느 날 마을에 백인 둘이 찾아왔어요.

사람들은 잔뜩 긴장했어요. 그러나 백인 둘은 무서운 총도 몽둥이도 가지고 있지 않았어요. 침략자들처럼 떼거리로 몰려오지도 않았어요.

"우리는 상파울루*에서 온 빌라스 보아스 형제입니다. 여러분들과 친해지고 싶습니다."

백인 둘은 손짓, 발짓, 어눌한 부족 말로 자신들의 뜻을 알렸어요. 사람들은 서로 얼굴을 보며 고개를 저었어요. 백인들은 믿을 수가 없었거든요.

"우린 여러분들과 함께 살고 싶어요. 여러분들의 삶을 알고 싶어요."

백인 둘은 자신들이 왜 이곳에 찾아왔는지 이해시키려고 애썼어요. 하지만 오랫동안 백인 침략자들한테 시달려 온 사람들은 쉽사리 받아들이지 않았어요.

"곧 어두워질 거야. 이대로 내쫓으면 짐승들한테 공격을 당할 수도 있고, 강에서 카누를 몰다가 악어 밥이 될 수도 있어. 오늘은 우리 마을에서 재우자."

추장님은 그들이 나쁜 짓도 하지 않았는데 무조건 내쫓을 수 없다면서 하룻밤 마을에 머물게 했어요.

"우리 집에 가서 자요."

백인 형제에게 호기심을 가진 라오니가 말했어요. 라오니는 늘 산 너머 강 너머 세상은 어떤 곳일까 궁금했거든요.

*상파울루 : 브라질의 대도시 이름.

다음 날 라오니가 일어났을 때, 빌라스 보아스 형제는 엄마와 함께 텃밭에 가서 만지오카를 캐 왔어요. 그러고는 엄마를 도와 요리를 하고 아침식사를 준비했어요.
"라오니, 침략자들은 아닌가 봐!"
엄마는 살짝 얘기했어요. 아침을 먹고 나서 빌라스 보아스 형제는 라오니에게 강으로 가자고 했어요. 라오니는 용기 있게 따라나섰어요. 그리고 백인들이 타고 온 배를 함께 탔어요. 카야포족의 카누보다 훨씬 큰 배였어요.
배를 타고 깊은 강으로 들어갔을 때, 백인 형제는 이상하게 생긴 물건을 넓게 펼쳐서 강에다 던졌어요. 그러자 많은 물고기가 한꺼번에 걸려들었어요.
늘 화살로 물고기를 잡던 라오니는 백인들이 가지고 있는 그물이 탐났어요.
"너한테 줄게."
라오니는 그물을 선물로 받아 기뻤어요. 물고기를 많이 잡으면 부족민들이 배부르게 나누어 먹을 수 있으니까요. 마을로 돌아오자마자 라오니는 잡은 물고기를 들고 곧장 추장님을 찾아갔어요.

"나쁜 사람들은 아닌 것 같아요. 여기서 며칠 더 지내게 해 주세요."
"그래, 두고 보자. 그래도 백인들은 늘 조심해야 돼."
라오니는 기뻤어요.
빌라스 보아스 형제는 카야포족과 함께 일하고, 사냥하고, 물고기를 잡으며 지냈어요. 그러는 동안 차츰 서로의 말도 알아들을 수 있었어요.

"라오니, 바깥세상 사람들과 소통할 수 있는 말과 글을 배워야 해. 그래야 너희 부족과 땅을 지킬 수 있어."
"말과 글을 알면 상대가 무엇을 원하는지 알 수 있잖아. 도시 사람들은 여기 아마존 밀림에서 무슨 일이 벌어지고 있는지 몰라. 인디오*들이 백인 침략자들한테 짓밟히고 땅을 빼앗겨도, 스스로 외치지 않으면 세상 사람들은 알 수가 없어."
라오니는 백인에게 끌려간 아빠 생각이 나서 울컥했어요. 벌써 몇 년이나 지났는데 죽었는지 살아 있는지 알지 못해요. 백인의 글을 배우면 아빠를 찾을 수 있을지도 몰라요.
라오니는 다른 친구들에게 함께 글을 배우자고 했어요.
"왜? 백인들의 말을 배워서 뭐하게?"
"말이 통하면 백인들과 대화할 수 있잖아. 그러면 우리가 싫어하는 게 뭔지도 말할 수 있고, 침략자들이 우리를 얼마나 잔혹하게 괴롭히는지 알릴 수 있어. 우리 편이 많을수록 땅도 지키고 우리 마을도 지킬 수 있대."
아이들은 가만히 생각에 잠기다가 고개를 끄덕였어요.
마을 사람들이 힘을 합쳐 빌라스 보아스 형제가 살 수 있는 오두막을 지었어요. 오두막은 브라질 말과 글을 배우는 교실이 되었어요. 한동안 오두막은 어른 아이 할 것 없이 날마다 찾아와 북적거렸어요. 라오니와 친구들은 함께 공부를 했어요.

***인디오** : 중앙아메리카와 남아메리카의 원주민을 가리키는 말.

"우리끼리 평화롭게 숲속에서 살면 되는데 왜 백인들의 말을 배워? 귀찮아!"
"난 글자를 배우지 않아도, 바깥세상 말을 배우지 않아도, 할아버지한테서 우리 부족의 역사를 다 배웠어. 이 숲속이나 강을 다 알고 있으면 됐지."
날이 갈수록 아이들은 괜한 짓을 한다고 투덜거렸어요.
하지만 라오니 생각은 달랐어요. 세상은 아마존 인디오를 그냥 살도록 내버려 두지 않을 거예요. 라오니는 백인들이 무슨 짓을 벌이는지 알려면 그들의 말과 글을 알아야 한다고 생각했어요.

라오니가 청년이 된 어느 날이었어요. 아마존의 푸른 하늘에 검은빛이 지붕처럼 드리웠어요.

"저게 뭐야! 검은 구름이 뒤덮은 걸 보니 폭풍우가 몰아치려나 보구나."

부족 어른들은 하늘을 보고 날씨를 점쳤어요. 검은 구름은 강한 비바람을 몰고 오거든요. 그러나 라오니는 뭔가 이상했어요.

"흠흠. 나무가 타는 냄새잖아!"

비바람을 몰고 오는 검은 구름은 매캐한 냄새를 풍기지 않거든요.

"제가 가서 확인해 보고 올게요."

라오니는 검은빛을 내뿜는 하늘을 향해 달렸어요. 숲을 지나 강을 건너서 검은 연기가 나는 쪽으로 달려갔어요. 한동안 달리다 보니까 매캐한 냄새에 숨이 막혀 기침이 터져 나왔어요.

'숲에 불이 났잖아!'

라오니는 가슴이 벌렁거렸어요. 시뻘건 불길이 숲을 태우고 있었어요. 뜨거운 열기 때문에 더는 가까이 갈 수도 없었어요. 그런데 사람들이 불을 지르고 다니는 게 보였어요. 비가 오지 않아서 숲이 메말랐는데, 불이 나면 사방으로 불길이 번지는 건 순식간이었어요.

'아마존에 재앙이 닥쳤어!'

라오니는 불길한 징조를 부족에 알리러 뛰어갔어요.

"바깥세상 사람들이 숲에 불을 질렀어요! 큰일 났어요!"

모두 오두막에서 뛰쳐나왔어요.

시뻘건 불길은 이글이글 괴물처럼 타올라서 점점 사방으로 번져 나갔어요.
"우리 숲까지 불길이 번지지는 않겠지?"
라오니는 제발 불길이 마을로 옮겨 오지 않기를 바랐어요. 빌라스 보아스
형제는 걱정스런 눈빛으로 불길을 바라보며 말했어요.
"여기도 무사하지 못하겠군. 언젠가 아마존 숲이 몽땅 불길에 휩싸이게
생겼어."
혼잣말로 중얼거렸지만 이미 백인들의 말을 배운 라오니는 알아들었어요.
라오니는 백인들이 농사지을 땅을 만들고, 소를 키울 목장을 짓기 위해 일부러
아마존 숲에 불을 낸다는 걸 알고 있었어요.
"이대로 당할 수는 없어. 아마존이 불길에 휩싸였다고, 위험에 빠졌다고 세상에
알려야 해. 우리 편을 만들어야 해."

빌라스 보아스 형제들이 길을 떠날 채비를 했어요.
"라오니, 우리가 돌아오지 못하면 네가 아마존과 부족을 지키기 위해서 바깥세상으로 나가야 한다. 가만히 있으면 땅을 빼앗기고 모두가 위험해져."
라오니는 마음이 무거웠어요. 가족과 부족을 지켜야 할 의무는 라오니가 카야포족으로 태어난 이유이자 책임이니까요.
"다시 돌아오는 거죠?"
"우린 이제 카야포족 형제야. 꼭 돌아오도록 약속할게."
부족민들이 모여 춤을 추며 빌라스 보아스 형제를 배웅했어요. 라오니는 그들이 무사히 돌아오기를 기원했어요.

강 건너 숲속은 불길이 계속 활활 타올랐어요.
"숲속에 사는 동물이나 식물도 불에 타 죽겠구나! 멧돼지도 바나나 나무도 다 죽으면 우리들은 뭘 먹고 살지?"
"동물이랑 나무만 타 죽는 게 아니라 사람들도 다 죽겠어!"
사람들은 하늘을 보며 한탄했어요. 불길이 지나간 자리는 검은 땅으로 변했어요.
"왜 아직 안 오지? 영영 떠난 거 아냐?"
시간이 흘러도 백인 형제는 돌아오지 않았어요. 라오니는 문득 배신감이 들었어요.
'그들도 결국은 이곳 생활이 힘들어 떠나 버린 거야.'
라오니는 언젠가 들었던 카야포족의 전설이 생각났어요. 하늘에서 얼굴 하얀 사람이 내려와 부족의 예쁜 여자와 결혼하고 살다가 어느 날 갑자기 자취를 감추었다는 이야기였어요.
그러나 빌라스 보아스 형제는 아마존을 지키기 위해서 도시로 간다고 했어요. 라오니는 더 이상 가만히 앉아 기다릴 수 없었어요. 도시로 나가기로 결심했어요. 하지만 겁이 났지요. 태어나서 한 번도 아마존을 벗어난 적이 없거든요.
라오니는 태양의 신에게 기도를 했어요.
'저에게 용기와 지혜와 행운을 주십시오!'
라오니는 몸에 치장을 하고 깃털 모자를 썼어요. 부족 사람들이 모두 모여 '전사의 춤'을 추며 라오니를 배웅해 주었어요.
"몸 조심하고, 우리의 친절한 친구들을 꼭 데려와."
라오니는 혼자서 카누를 타고 길을 떠났어요.

아마존강을 거슬러 가는 동안, 악어 무리를 만났어요. 라오니는 손목이 아프도록 급하게 노를 저어서 피했어요. 분홍돌고래를 만나 장난도 치고 함께 나아가니 외롭지 않았어요.

몇 날 며칠을 가자 엄청나게 큰 마을이 보였어요. 뻥 뚫린 큰 도로를 따라 차들이 쌩쌩 달리고, 빼곡하게 들어찬 집들과 온갖 물건들이 있는 상점들이 보였어요. 사람들은 무엇이 급한지 바쁘게 왔다 갔다 했어요.

'말로만 듣던 도시가 이런 곳이구나!'

라오니는 집에서 가지고 온 노란 돌을 사람들에게 주면서 버스를 얻어 타고 상파울루로 갔어요. 그나마 말이 통하는 게 다행이었어요. 라오니는 사람들을 붙잡고 물었어요.

"빌라스 보아스 형제를 아세요?"

사람들은 고개를 절레절레 흔들었어요.

"아마존에서 온 원주민인가 봐!"

도시 사람들은 라오니를 힐끔힐끔 보면서 웃었어요. 깃털 모자를 쓰고 옷은 거의 입지 않은 모습이 신기했거든요. 라오니는 화가 났지만 꾹 참았어요.

"이봐요. 내가 빌라스 보아스 형제를 알고 있어요. 함께 갑시다."
낯선 사람이 라오니의 손을 덥석 잡았어요. 라오니는 무척 기뻤어요.
"혼자 다니면 안 돼요. 지금 이 도시에서는 아마존 숲과 원주민들 편이 되는 사람들은 목숨이 위험해요."
라오니는 이해할 수 없었어요. 원주민 편을 들면 목숨이 위험하다니요!
라오니는 낯선 사람을 따라 어느 큰 건물로 들어갔어요.
"어, 아저씨!"

빌라스 보아스 형제가 많은 사람들 앞에 앉아 있었어요.
아저씨들은 손을 번쩍 들어 라오니에게 인사를 하고는 사람들을 향해 말했어요.
"지금 아마존은 불타고 있어요. 그곳에는 수많은 동물이 살고 온갖 나무가 자라고 있어요. 무엇보다도 원주민들이 대대손손 뿌리를 내리며 자연과 더불어 살고 있는 곳이에요. 이들의 삶을 지켜 주려면 여러분들의 관심과 행동이 필요합니다."
라오니는 왜 바깥세상 사람들이 아마존을 가만히 내버려두지 않고 괴롭히는지 알 수 없었어요.
"브라질 정부와 농장 주인들은 원주민들의 삶을 벼랑 끝으로 내몰고 있어요. 이대로 보고만 있으면 아마존은 사라질 겁니다."
라오니는 가슴이 철렁했어요. 자신이 생각한 것보다 훨씬 심각한 분위기였어요. 이런 줄도 모르고 빌라스 보아스 형제가 배신을 한 게 아닌지 의심을 했다니요!
"여러분들에게 라오니 메투크티레를 소개하겠습니다. 라오니 메투크티레는 카야포족의 용맹한 전사이자 우리의 다정한 친구입니다. 저 모습이 카야포족의 전통 복장이자 당당한 인디오의 모습입니다."
"라오니, 이분들은 아마존을 지키기 위해서 모인 사람들이야."
라오니는 떨리는 마음으로 도시 사람들 앞에 섰어요.
"우리 아마존을 지켜 주세요. 우리는 조상 대대로 아마존에서 숲과 강과 더불어 살아가는 부족입니다. 우리의 친구가 되어 주세요."
라오니는 빌라스 보아스 형제와 많은 사람들을 만나러 다녔어요. 아마존에 관심을 갖고 지키려는 사람들을 만나다 보니 차츰 용기가 생겼어요.

라오니는 빌라스 보아스 형제와 거리를 걷다가 아는 얼굴을 보고 숨이 멎는 줄 알았어요. 오가는 사람들에게 손을 내밀고 구걸을 하고 있었거든요.
"라오니, 왜 그래? 아는 사람이니?"
"네. 이웃 부족 아주머니예요. 왜 고향을 두고 도시에 와서 구걸을 하고 있을까요……."
라오니는 안타깝고 속상했어요. 어느 날 갑자기 고향을 떠났다는 소문을 들었는데, 이런 모습으로 만나다니요. 아주머니는 라오니와 눈이 마주치자 황급히 도망쳐 버렸어요. 그때였어요.
"넌 누구니? 원주민이 왜 여기서 벌거벗고 돌아다녀?"
갑자기 라오니 주위로 사람들이 모여들었어요. 라오니는 괜히 주눅이 들어서 눈만 끔벅거렸지요.
"너희들은 왜 그렇게 넓은 땅을 차지하고 있어? 아마존을 개발하면 브라질이 얼마나 잘살 수 있는데! 안 그래, 원시인?"
"숲에서 인디오를 내쫓고 댐을 건설해야 해."
몇 사람이 조롱하듯 큰소리쳤어요. 라오니는 얼굴이 화끈 달아오르고 화가 치밀었어요.
"아마존은 우리 인디오의 땅이고 숲이다! 왜 우리를 내쫓으려고 해?"
라오니가 외쳤어요. 빌라스 보아스 형제는 라오니 손을 잡고 얼른 자리를 떴어요.
"라오니, 사람들 생각이 다 같지는 않아. 그래서 친구가 필요한 거야."
라오니는 더 이상 도시에 머물고 싶지 않았어요.

'우리들의 아마존을 해치겠다고? 그렇게는 못 하지. 내가 목숨을 걸고 막을 거야!'
라오니는 울분을 삭히며 마을로 돌아왔어요. 부족 사람들이 모여들었어요.
"라오니, 네가 바깥세상에서 본 걸 우리한테 빠트리지 말고 다 얘기해라."
추장님의 말씀에 사람들은 호기심 가득한 눈빛으로 라오니를 바라보았어요.
"빌라스 보아스 형제는 우리 아마존을 지키기 위해 친구들을 모으고 있어요. 근데 큰일 났어요!"
"왜? 또 백인 침략자들이 총 들고 쳐들어오는 거냐?"
라오니는 한숨이 나왔어요. 어른들의 생각은 옛날에 백인들에게 당했던 그 시절에 머물러 있었어요.
"이젠 우리 숲을 아예 없애려고 해요. 아마존을 불태워 농사를 짓고, 소를 키우고, 댐을 만들겠대요."

"댐이 뭐냐?"
사람들이 되물었어요. 추장님은 댐이 뭔지 알고 있었어요.
"댐을 만들면 숲도, 우리가 사는 이 땅도 강물에 잠기는 거야. 우린 모든 걸 빼앗기는 거야. 도무지 우리를 가만히 살게 내버려 두지 않는구나. 우리의 권리와 터전을 지키기 위해서 목숨을 걸고 저들과 맞서 싸워야 해."
추장님의 한숨 소리에 모두 잔뜩 겁을 먹었어요.

어느 날, 날벼락 같은 소식이 들려왔어요.
"싱구강에 수력발전소를 세워 전기를 생산할 겁니다. 싱구강 주변에 사는 부족들은 모두 이 땅을 떠나시오!"
정부에서 나온 관리가 마치 명령하듯 큰소리를 쳤어요.
"말도 안 되는 소리! 누가 우리 땅을 마음대로 해!"
"지금까지 어떤 대가를 치르면서 지켜 온 땅인데……. 목숨을 내놓더라도 우리의 터전을 빼앗기지 않을 거야."
부족민들은 분노했어요. 그리고 힘을 합쳐 정부 관리를 내쫓았어요.
"여긴 우리 땅이자 삶의 터전입니다. 우리 카야포족의 아버지, 그 위의 아버지, 그 위의 아버지가 수천 년 동안 뿌리를 내리고 살아 온 생명의 땅, 생명의 강이에요. 누가 우리를 지켜 주지 않아요. 우리 힘으로 우리 땅을 지킵시다."
"옳소! 옳소! 여긴 우리의 생명입니다."
라오니의 말에 사람들은 맞장구를 쳤어요. 정부 관리가 쳐들어올까 봐 사람들은 밤에도 순번을 정해서 마을 주변을 지켰어요. 라오니는 날마다 싱구강으로 나가 누가 쳐들어오지 않나 지켜보았어요.

어느 날 도시 사람들이 떼거리로 몰려왔어요. 그들은 굴착기와 온갖 거대한 기계를 줄줄이 앞세우고 있었어요.
"모두 나와 침략자들을 물리칩시다. 우리 땅을 지킵시다."
여기저기서 외마디 소리가 울려 퍼졌어요. 어린아이나 여자들, 노인까지 모두 달려 나가 굴착기 앞을 막았어요.
"수력발전소를 만들기 위해 공사를 할 거요. 방해하면 경찰이 와서 체포할 겁니다."
정부 관리자는 확성기를 들고 아마존이 쩌렁쩌렁 울릴 정도로 큰소리를 쳤어요. 하지만 부족민들은 조금도 흔들리지 않았어요. 터전을 빼앗기면 뿔뿔이 흩어져야 한다는 걸 모두 알고 있었어요.

"어라, 저기 봐! 사람들이 몰려와."
사방에서 많은 사람들이 몰려왔어요. 이번엔 정부에서 보낸 사람들이 아니었어요. 아마존의 다른 부족민과 도시 사람들이었어요. 라오니가 상파울루에서 만났던 사람들도 있었어요.
큰 카메라와 마이크를 들고 영상을 찍는 사람들도 곳곳에 있었어요.
"여러분, 방송국에서 지금 이 장면을 촬영해 전 세계로 내보낼 겁니다."
카야포족 사람들은 고개를 갸우뚱했어요. 여기서 일어나는 일을 멀리 다른 나라 사람들까지 아는 게 왠지 거짓말 같았어요.

원주민들과 환경 지킴이들이 강력하게 항의하자 정부 관리자는 달콤한 말로 달랬어요.

"여러분, 부자로 살고 싶지 않나요? 아마존을 개발해서 곡식을 기르고 가축을 키우면 지금보다 훨씬 잘살 수 있을 거예요. 강에 수력발전소를 세우면 전기도 들어와요. 그러면 한밤중에도 대낮처럼 환하고, 텔레비전으로 세상을 다 볼 수 있어요."

정부 관리는 아마존 인디오가 문명의 혜택을 받지도 못하고 가난하게 살고 있다고 에둘러 말했어요.

"우린 가난하지 않아! 너희가 우리에 대해 뭘 알아? 우리는 브라질에서 가장 부자야. 인디오는 자연과 더불어 풍족하게 살고 있다고!"

카야포족 여전사들이 앞장서서 따졌어요.

"우리는 전기가 필요하지 않아. 전기는 우리에게 먹을 것을 주지 않아. 강은 흐르던 대로 흘러야 해."

추장님의 뒤를 이어 라오니도 당당하게 말했어요.

"아마존 숲과 강에 인디오의 미래가 달려 있어. 우리는 사냥하며 살 수 있는 숲이 필요해. 당신들이 원하는 댐과 수력발전소는 필요 없어."

아마존 인디오들의 항의는 텔레비전을 통해 전 세계에 전해졌지요. 그러자 많은 사람들이 아마존을 파괴하는 브라질 정부를 비난하고, 수력발전소를 세우려는 회사를 비난했어요. 인디오들의 거센 반발로 결국 싱구강 유역의 수력발전소는 세워지지 못했어요.

라오니는 그제야 깨달았어요. 아마존을 지키기 위해서는 더 많은 친구가 필요하다는 사실을요.

라오니는 카야포족의 추장이 되었어요.
추장으로 추대받은 날, 라오니는 부족의 생활에 큰 변화가 필요하다고
말했어요.
"아마존을 지키기 위해서는 바깥세상 사람들을 만나 널리 알려야 해요.
아이들을 교육시키고, 새로운 문명도 조금씩 받아들여야 합니다. 우리 구역에서
금이나 나무를 함부로 가져가지 못하게 감시하고 필요한 이들에게는 세금도
받을 거예요. 그 돈으로 우리가 다 함께 잘살 수 있는 길을 찾아 봅시다."
라오니 추장의 말에 사람들은 고개를 끄덕였어요. 이미 그동안 조금씩 세금을
받아 왔지만 가져가는 것에 비해서 너무 적으니 더 많은 세금을 물려야 한다는
의견이 있었거든요.
"세금을 받으면 아이들 교육에 더 많이 투자합시다. 이제 전통을 지킨다고
턱이나 귀에 구멍을 내지 맙시다. 성년식을 치른다고 사내아이들이 말벌에
쏘이는 일도 더 이상 없어야 돼요. 자칫하면 목숨을 잃는 전통은 아이들에게
더 이상 강요하지 말자고요. 물론 전통대로 살고 싶으면 그렇게 해도 되죠.
옷을 입고 싶으면 입고, 전통대로 벗고 다녀도 돼요. 하지만 우리 카야포족의
용맹함과 당당함만은 간직하고 삽시다!"
라오니 추장의 말에 모두가 박수를 치며 좋아했어요.

라오니 추장은 부족 아이들이 아픈 역사를 잊어버릴까 봐 걱정되었어요. 그래서 하루는 깃털 모자를 쓰고 카야포족 전통 복장을 입고 아이들 앞에 섰어요.
"오늘은 아마존과 우리 카야포족 역사에 대해 들려주마. 아마존은 인디오들이 일만 오천 년 동안 대대손손 자연에 기대어 살아온 숲과 강이란다. 아주 옛날에 평화롭게 살던 우리 마을에 갑자기 백인 침략자들이 총과 칼을 들고 쳐들어왔단다. 우린 처음에는 멀리서 온 손님이라고 친절하게 대접했어. 그런데 이 사람들은 은혜도 모르고 총을 쏘아 부족 사람들을 죽이고 물건을 빼앗았단다. 그것도 모자라 마을에 불을 지르고 나쁜 짓을 저질렀어. 살아남은 사람들이 다시 힘을 모아 마을을 일으키고, 다시는 낯선 사람들에게 당하지 않으려고 열심히 힘을 길렀지. 그러나 총을 들고 나타나 습격하는 백인들을

당해 낼 수가 없었어. 그들은 우리를 노예로 삼아 아마존 곳곳에 묻혀 있는 금광을 개발한다고 온 산을 파헤쳤어. 고무나무에서 나오는 하얀 액체를 채취한다고 우리 조상님, 우리 아버지를 끌고 가서 죽을 때까지 부려 먹었어. 그래서 고무나무를 '하얀 눈물'이라고 부르지. 백인들이 몰려오면서 전염병도 퍼뜨렸단다. 무슨 병인지도 모르고 인디오들은 죽어 갔어. 우리 인디오들의 힘만으로는 아마존을 지킬 수가 없을 지경에 다다랐단다. 우리는 친구가 필요해. 우리와 함께 목소리를 낼 수 있는 많은 친구를 만들려면 너희들도 공부해서 바깥세상을 알아야 한다. 우리는 평화롭게 자연과 더불어 살 권리가 있어. 이 땅은 인디오들의 생명이자 희망이고 미래야. 아마존이 없으면 우리 부족의 미래도 없어."

하루는 낯선 백인 남자가 라오니 추장을 찾아왔어요. 남자는 영국에서 온 가수 스팅이라고 자신을 소개했어요.

"아마존을 지키는 데 뭐라도 도움이 되고 싶습니다."

"어서 오십시오. 우리 아마존에 온 것을 카야포족과 함께 마음을 다해서 환영합니다."

라오니 추장은 아마존을 지키는 데 함께할 사람이라면 누구든 환영했어요.

"추장님, 나와 함께 유럽을 돌면서 아마존이 파괴되어 가고, 원주민들의 삶이 위험하다고 알려요. 추장님이 직접 나서면 사람들이 더 공감할 거예요."

라오니 추장은 다른 나라에 가 본 적이 없었어요. 더군다나 하늘을 나는 비행기를 타고 유럽으로 가야 된다니 두려웠어요.

"제가 늘 함께할 테니 걱정하지 마세요. 아마존을 걱정하는 사람들이 추장님을 반길 겁니다. 아마존에 위기가 닥쳤다는 걸 추장님이 알려 주세요."

라오니 추장은 눈을 감고 생각에 잠겼어요.

"나는 도시 사람들의 옷을 입지 않을 겁니다. 우리 카야포족 전통 복장으로 세계 사람들을 만날 겁니다."

"좋아요. 추장님 뜻대로 하세요!"

라오니 추장은 스팅과 함께 비행기를 타고 유럽을 돌아다녔어요. 라오니 추장의 기사가 신문에 실리고 방송에 나왔어요. 환경 운동가뿐 아니라 아마존의 원주민이 궁금했던 사람들까지 모두가 관심을 보였어요.

"놀랍군! 이렇게 많은 사람들이 아마존에 관심을 가지다니."
라오니 추장과 가수 스팅은 함께 17개 나라를 다니면서 아마존 지키기에 열정을 쏟았습니다. 카야포족 전통 복장으로 연설에 나서는 라오니 추장 앞에는 언제나 마이크와 카메라가 모여들었지요.

프랑스에서는 미테랑 대통령을 만났어요. 미테랑 대통령도 아마존에서 온 라오니 추장을 따뜻하게 맞아 주었어요.

"아마존을 지켜 주십시오. 아마존을 지키는 게 지구의 미래를 지키는 길입니다. 아마존은 지구가 숨을 쉴 수 있게 하는 귀한 땅입니다."

미테랑 대통령은 라오니 추장의 요구에 귀 기울였어요.

"우리도 아마존을 보호하는 데 힘껏 노력하겠습니다. 서로 힘을 합쳐 노력을 하면 아마존이 파괴되는 걸 막을 수 있을 거예요."

라오니 추장은 자신의 말에 귀 기울이는 사람들이 고마웠어요. 하지만 수많은 사람들과 복잡한 도시, 사방에서 풍기는 퀴퀴한 냄새는 정말 견디기 힘들었어요. 늘 숲속의 나무와 흙 냄새에 둘러싸여 있다가 도시 공해를 견디려니까 머리도 아프고 숨이 막히는 것 같았어요. 라오니 추장은 지구의 공기가 얼마나 오염되었는지 알려 주고 싶었어요. 아마존의 존재가 얼마나 소중한지 한 사람이라도 더 만나 이야기하고 싶었어요.

라오니 추장이 다녀간 뒤 유럽에서는 환경보호 캠페인이 대대적으로 벌어졌어요. 사람들은 아마존이 위기에 처했다는 걸 알게 되었어요. 지구의 온도가 점점 뜨거워지고, 북극과 남극의 얼음이 녹고 있다는 사실에도 눈을 떴지요. 낮은 지대의 마을이나 나라가 물에 잠겨 사라지는 것을 모두가 지켜봤어요. 아마존의 문제는 이제 전 세계의 문제였지요.

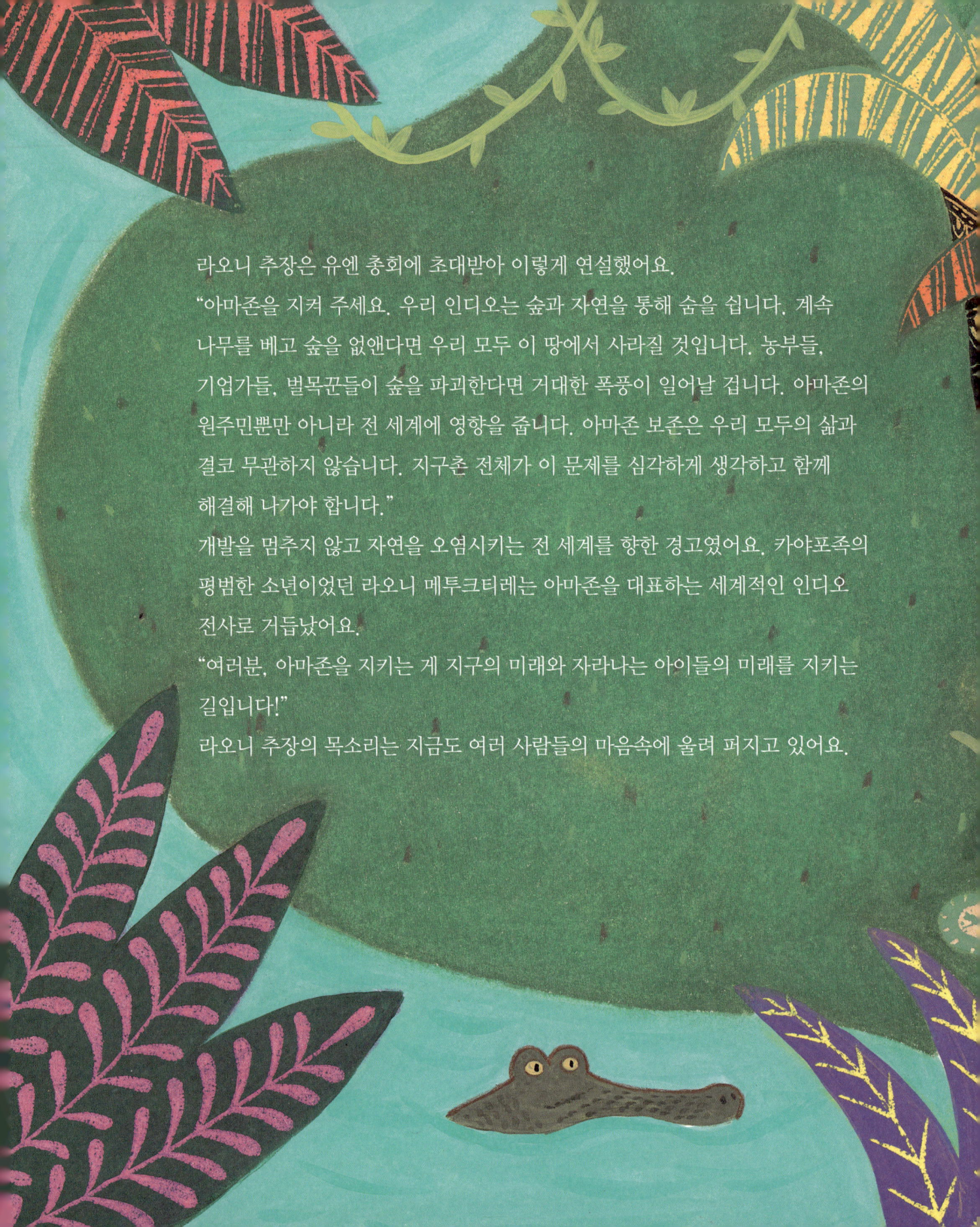

라오니 추장은 유엔 총회에 초대받아 이렇게 연설했어요.
"아마존을 지켜 주세요. 우리 인디오는 숲과 자연을 통해 숨을 쉽니다. 계속 나무를 베고 숲을 없앤다면 우리 모두 이 땅에서 사라질 것입니다. 농부들, 기업가들, 벌목꾼들이 숲을 파괴한다면 거대한 폭풍이 일어날 겁니다. 아마존의 원주민뿐만 아니라 전 세계에 영향을 줍니다. 아마존 보존은 우리 모두의 삶과 결코 무관하지 않습니다. 지구촌 전체가 이 문제를 심각하게 생각하고 함께 해결해 나가야 합니다."
개발을 멈추지 않고 자연을 오염시키는 전 세계를 향한 경고였어요. 카야포족의 평범한 소년이었던 라오니 메투크티레는 아마존을 대표하는 세계적인 인디오 전사로 거듭났어요.
"여러분, 아마존을 지키는 게 지구의 미래와 자라나는 아이들의 미래를 지키는 길입니다!"
라오니 추장의 목소리는 지금도 여러 사람들의 마음속에 울려 퍼지고 있어요.

지구의 허파, 아마존에 무슨 일이 일어났을까요?

아마존은 어떤 곳이에요?

아마존은 울창한 숲과 강으로 이루어진 세계 최대의 열대우림입니다. 지구에 필요한 많은 양의 산소를 만들고 또 이산화탄소를 흡수해서 '지구의 허파'라고 불리지요. 세계에서 가장 긴 강인 아마존강은 남아메리카의 6개 나라, 브라질, 페루, 볼리비아, 콜롬비아, 에콰도르, 베네수엘라에 걸쳐 흐르고 있어요. 안데스산맥에서 시작한 물줄기가 열대우림의 강과 합쳐지면서 6,300킬로미터를 흐르고 흘러 대서양으로 가지요. 아마존강 유역의 60% 정도는 브라질 영토이며, 지구에 생존하는 식물의 20%와 동물의 10%, 그중에서도 조류의 25%가 이곳에 살고 있어요.

또 아마존에는 300개 이상의 인디오 부족과 백만 명 정도의 부족민이 밀림 속에 흩어져 살고 있어요. 부족마다 서로 다른 언어를 사용하고, 다양한 삶의 방식과 전통을 가지고 있어요. 사냥과 채집, 고기잡이로 살아가는 것이 전통적인 생활 방식이지만, 부족민이 함께 작은 텃밭을 가꾸고 가축을 조금씩 기르기도 해요.

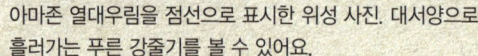

아마존 열대우림을 점선으로 표시한 위성 사진. 대서양으로 흘러가는 푸른 강줄기를 볼 수 있어요.

아마존의 침입자들

16세기 무렵부터 포르투갈, 에스파냐를 비롯한 유럽 탐험대와 선교사들이 공식적으로 아마존에 발을 들여놓았어요. 탐험가들은 국가의 막강한 지원과 군사력을 등에 업고 아마존 유역으로 쳐들어와 식민지 건설에 앞장섰어요.

아마존은 많은 광물질을 품고 있어요. 특히 금을 탐낸 사람들이 많이 몰려들었지요. 금을 채취할 때는 수은을 사용했는데, 비가 내리면 수은이 강으로 흘러 들어가 물고기가 많이 죽었어요. 또 고무나무의 발견은 더 큰 비극을 가져왔어요. 큰돈이 되는 고무나무 수액을 채취하기 위해 산림을 훼손하고 인디오들을 노예로 부렸기 때문이지요. 고무나무가 '하얀 눈물'이라고 불릴 정도였어요.

유럽인들은 아프리카 흑인들을 노예로 끌고 오기도 했어요. 그들은 인디오들과 함께 강제 노동을 하며 가혹한 대우를 받았어요. 또 유럽인과 아프리카인들은 아마존에 없던 전염병을 퍼뜨렸어요. 말라리아, 홍역 등 온갖 종류의 전염병과 바이러스는 지금도 아마존 원주민들의 목숨을 앗아 가고 있어요.

브라질 정부도 20세기 들어 본격적인 아마존 개발에 나섰어요. 세계 최대 소고기 수출국인 브라질은 숲을 불살라 목장을 짓고, 소 먹이로 쓸 대두콩을 대량으로 심었어요. 뿐만 아니라 목재를 수출하고, 지하자원을 개발하고, 수력발전소를 세우는 데 온 힘을 기울였지요. 불도저로 숲을 밀어서 도로를 만들고, 건물을 세우는 바람에 아마존 인디오들의 보금자리는 점점 위험에 빠지고 생태계도 파괴되었어요.

아마존의 '하얀 눈물'이라고 불리는 고무나무 수액 채취.

아마존에 건설된 수력발전소는 전기를 생산하는 한편 환경에 많은 문제를 일으켰어요.

아마존을 지킨 사람들

인디오와 그들의 삶에 특별한 관심을 가지는 사람들이 아마존을 찾기 시작했어요. 1945년, 브라질 상파울루 출신인 클라우지우 빌라스 보아스, 오를란두 빌라스 보아스 형제는 싱구강 상류에 들어와 인디오들과 평생 함께 살면서 이들의 권리 보장에 노력을 기울였어요. 그들은 서로 전쟁을 일으켰던 부족과는 평화 협정을 맺고, 인디오의 권리와 열대우림을 지켜야 한다고 했지요.

빌라스 보아스 형제는 땅과 숲과 강에 대한 소유권을 왜 법으로 보장받아야 하는지 모르는 인디오들을 설득해서 정부를 상대로 싸움을 벌였어요. 카야포족은 8년의 투쟁 끝에 1961년, '인디오 보호 구역'을 법으로 만들었지요. 이곳을 시작으로 아마존의 다른 부족뿐만 아니라 콜롬비아, 베네수엘라, 페루 등 다른 나라에서도 인디오 보호 구역이 법으로 정해졌어요.

빌라스 보아스 형제의 노력 덕분에 싱구강 유역 부족들의 문화는 거의 훼손되지 않은 채 오늘날까지 이어져 오고 있어요. 그들은 아마존과 인디오들을 위해 활동한 환경 운동가였어요.

그 밖에도 많은 환경 운동가들이 아마존을 지키기 위해 나섰어요. 그들은 토지 개발자나 벌목꾼, 금광 채굴업자로부터 끝없이 협박을 받고 목숨도 위협받았어요. 그러나 아마존을 지켜야 한다는 목소리는 점점 커져서 전 세계로 퍼져나갔어요.

아마존을 지키기 위해 싸운 클라우지우와 오를란두 빌라스 보아스 형제.

아마존의 수호자, 라오니 추장

카야포족의 추장 라오니 메투크티레는 아마존 보호에 앞장선 인물로 유명해요. 아마존 열대우림의 중요성과 그곳에 사는 인디오들의 권리를 브라질뿐 아니라 전 세계에 알리기 위해서 나섰어요. 1989년 라오니 추장은 영국 가수 스팅과 함께 환경보호 캠페인을 벌였어요. 유엔 총회에 나가 아마존 보호를 위해 연설했으며, 프랑스 칸영화제에도 참석하고 교황과 각국 대통령과도 만나 환경보호의 중요성을 외쳤어요. 스팅뿐 아니라 영국의 찰스 왕세자, 프랑스 환경 운동가 니콜라 윌로 등 뜻을 같이하는 환경 운동가들이 라오니 추장과 함께 아마존 지키기에 나섰어요.

현재 나이 90세 정도로 추정되는 라오니 추장은 지금도 열심히 환경보호에 나서고 있어요. 그 공로를 인정받아 노벨 평화상 후보에 오르기도 했지요. "우리는 숲과 자연을 통해 숨을 쉰다. 벌목과 파괴를 지속한다면 백인들을 포함해 우리 모두 이 땅에서 사라질 것이다." 라오니 추장의 호소는 전 세계 사람들에게 경각심을 주고 있어요.

라오니 메투크티레는 전 세계 사람들에게 환경 파괴가 가져올 재앙을 경고했어요.

다양한 생물의 서식지이며, 백만 명의 원주민이 고유한 문화를 지키며 살고 있는 아마존강 유역.

아마존을 왜 보존해야 할까요?

첫째, 아마존 숲에는 수많은 생물 종이 함께 살고 있어요. 국제 환경단체인 야생동물보존협회(WCS)에 따르면 아마존에 서식하는 식물은 3만 종에 이르고, 곤충 250만 종, 물고기 2,500종, 새 1,500종, 파충류 550종, 포유류 500종이 살고 있어요. 이 생물들은 벌목과 산불과 개발로 사라질 위험에 놓여 있어요.

둘째, 열대우림이 사라지면 지구의 산소가 그만큼 줄어들어요. 또 지구 가열을 더욱 재촉해서 기후 위기와 재앙을 가져오지요. 지구가 뜨거워지면 북극이나 남극, 알프스 등의 빙하가 녹아내리는 현상이 벌어져요. 지금도 하루가 다르게 빙하가 녹아 흐르면서 해수면이 높아지고, 바닷가 낮은 지대의 마을은 물에 잠겨 사라지고 있어요. 점점 뜨거워지는 지구에 '지구 온난화'라는 말은 더 이상 어울리는 표현이 아니에요. 학자들은 '지구 가열'이라고 바꿔 부르고 있어요.

셋째, 아마존 숲에는 300개 이상의 인디오 종족이 살고 있어요. 자신들만의 고유한 언어와 문화를 지키며 살아온 인디오들은 삶의 터전을 빼앗기고, 목숨을 위협받고 있어요. 최근 코로나19가 아마존 숲까지 번지자 감염병에 취약한 원주민 대다수가 속수무책으로 목숨을 잃었어요. 라오니 추장도 감염되어 치료를 받았다고 전해져요. 인디오들의 슬픔과 고통이 아마존 숲을 뒤덮고 있어요.

아마존에 서식하는 투칸과 아마존강돌고래. 아마존에는 멸종 위기에 놓인 많은 동물과 식물이 살고 있어요.

환경 보존과 개발 사이의 갈등

전 세계에서 아마존 열대우림을 보호해야 한다는 목소리가 날로 커지고 있어요. 유럽인들은 브라질 정부의 개발 계획에 강하게 반대했어요. 그러나 브라질 정부의 반격도 만만찮았지요. 브라질 정부는 아마존 유역의 60%가 브라질 땅이며, 다른 나라의 개발을 압박하는 건 내정 간섭이라고 반발했어요. 아마존을 먼저 파괴하고 침략해서 금, 주석 등 광물질을 노략질하고 인디오들을 죽음으로 몰아넣은 건 유럽인들이라고 항의했지요. 또한 브라질은 지금 세계 최대의 부채국이며, 국민들이 가난으로부터 벗어나려면 아마존 개발이 더 필요하다고 주장하고 있어요. 산업화 시대를 이끌면서 매연을 내뿜으며 지구 공기를 오염시키고 기후 위기를 이끈 것은 유럽과 같은 잘사는 나라들이라고 주장하고 있어요.

브라질 정부의 주장대로, 지구의 공기를 오염시키고 기후 가열을 촉발한 것은 강대국들이에요. 그들은 산업화를 일으키고 에너지를 소비해 지금처럼 잘사는 나라가 되었지요. 그런데 후발 개발도상국들이 이제 막 산업을 발전시키려고 하자 공기 오염을 들먹이며 개발을 비난하고 있는 거예요. 이 문제는 강대국과 개발도상국이 함께 머리를 맞대고 풀어야 할 숙제이지요.

아마존 원주민과 전 세계 많은 사람들이 아마존을 지키기 위해 싸우고 있어요.

무분별한 벌목과 개발은 아마존 숲의 큰 화재로 이어졌어요.